Le Chat Botté

AUZOU

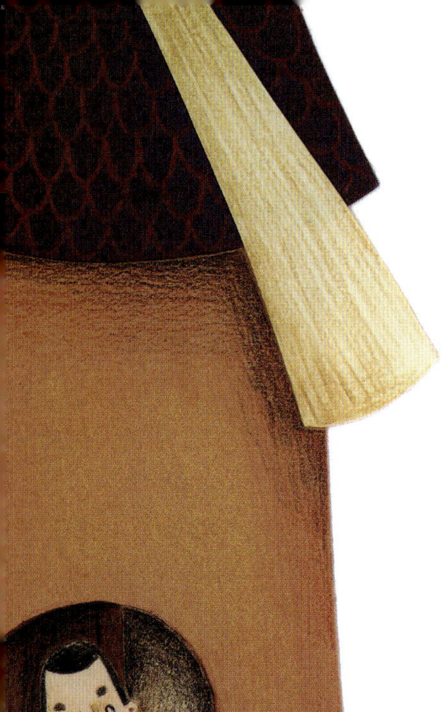

Il était une fois un meunier qui avait trois fils. À sa mort, il laissa à son aîné un moulin, au deuxième un âne, et le cadet ne reçut qu'un chat.
« Ce n'est pas juste ! déclara le jeune homme devant un si pauvre héritage. Que vais-je faire de ce misérable chat ?
– Cessez donc de vous apitoyer, mon maître. Fournissez-moi de bonnes bottes, de beaux habits et un grand sac, et vous verrez que vous n'êtes pas si mal loti ! » déclara l'animal.

Quelque peu étonné, le jeune meunier fit
ce que le chat lui demandait.

Le chat botté, le sac sur le dos, se rendit à l'orée de la forêt. Il s'allongea sur le sol avec le sac grand ouvert et attendit. Bientôt, un lapin curieux s'approcha et se fit prendre au piège.

Tout fier, le chat botté se rendit chez le roi et, dans une grande révérence, lui dit :
« Sire, voilà un lapin que vous envoie mon maître, le marquis de Carabas, avec ses plus sincères respects.
– Dis à ton maître que je le remercie bien et que son cadeau me fait grand plaisir », répondit le roi.
Depuis lors, le chat apporta régulièrement du gibier au château, toujours de la part de son maître.

AU SECOURS !!!

Un jour, il apprit que le roi et sa fille allaient se promener au bord de la rivière.
Il dit à son maître :
« Si vous suivez mes conseils, votre fortune est assurée.
Allez vous baigner à l'endroit que je vais vous montrer, puis laissez-moi faire. »
Le jeune homme obéit. Pendant qu'il se baignait, le roi vint à passer. Le chat se mit à crier de toutes ses forces :

« Au secours ! Au secours !
Monsieur le marquis de Carabas se noie ! »

Le roi, reconnaissant le chat, donna l'ordre à ses gardes d'aller sauver le faux marquis. Pendant que l'on sortait le jeune homme de l'eau, le chat s'écria :
« Quel malheur ! Pendant que mon maître se baignait, des voleurs lui ont pris tout ce qu'il avait ! »
Le roi ordonna aussitôt qu'on aille chercher de beaux habits pour le marquis, puis l'invita à se joindre à la promenade.

Ainsi vêtu, le jeune homme avait fière allure. La fille du roi, qui était restée dans le carrosse, le trouva fort séduisant. Ravi que sa ruse fonctionne, le chat s'éloigna en avant. En chemin, il rencontra des paysans.

« Bonnes gens, si vous ne dites pas que tous ces champs appartiennent au marquis de Carabas, vous serez tous hachés menu comme chair à pâté ! » les menaça-t-il.

Le roi, en passant, ne manqua pas de demander aux paysans à qui appartenaient ces champs. « C'est à monsieur le marquis de Carabas ! » répondirent-ils tous en chœur.

Le roi, fort impressionné, continua sa route
en compagnie du marquis et de sa fille.

Le chat, qui allait toujours de l'avant, arriva devant un château où habitait le plus riche de tous les ogres. Toutes les terres que le roi avait traversées étaient siennes.

L'animal lui tint ces propos flatteurs :
« On m'a assuré, messire, que vous aviez le don de vous changer en toutes sortes d'animaux. Par exemple en lion.
– En effet, répondit l'ogre, voyez vous-même ! »
Et aussitôt, l'ogre se métamorphosa en un féroce lion, toutes dents et toutes griffes dehors.
« Et sauriez-vous vous changer en une minuscule souris ? » renchérit le chat.

– Le lion devint alors une toute petite souris, que le chat s'empressa d'avaler !
À ce moment, le roi et sa suite arrivèrent aux abords du château. Le chat, qui les attendait fièrement, leur dit :
« Vous êtes les bienvenus dans le château de monsieur le marquis de Carabas.
– Comment ?! s'écria le roi, ce château si somptueux vous appartient également ? Je suis curieux de le visiter. »

« Ils entrèrent alors dans une salle où les attendait un repas grandiose. Charmé des qualités et de la fortune du marquis, le roi lui offrit la main de sa fille, que le jeune homme s'empressa d'accepter.